Barbie™

Rua General Jardim, 770
2º andar - Santa Cecília
CEP 01223-010 São Paulo - SP
Tel: 0 _ _ 11 255-8808
Fax: 0 _ _ 11 255-3364
e-mail: info@cosacnaify.com.br
site: www.cosacnaify.com.br

Tradução: Cássia Raquel da Silveira
Consultoria de moda: Lílian Pacce
Preparação e revisão: Pedro Noto

Catalogação na Fonte do Departamento Nacional do Livro
(Fundação Biblioteca Nacional)

G20s

Beigbeder, Frédéric
Barbie / Frédéric Beigbeder
São Paulo: Cosac & Naify Edições, 2000, 80 p.

ISBN: 85-86374-79-2

1. Vestuário. Traje. Moda. Aparência pessoal.
2. Beigbeder, Frédéric CDD: 391

Capa: Christian Lacroix, 1989. Estilo Riviera. © Mattel França.

Quarta capa: Marina Spadafora. Mantô em passamanaria.
© Foto: Helbert Noorda/*Vogue* Itália.

Barbie™

Frédéric Beigbeder

Cosac & Naify

Barbie top model

Mesmo sendo extremamente viril, sou apaixonado por Barbie desde a mais tenra infância. Ser menino é um desastre, pois somos condenados a brinquedos enfadonhos: trem elétrico, soldadinhos de chumbo, Lego ou Meccano, em vez de conviver com essa boneca fatal. Tenho lembranças nebulosas de intermináveis partidas de Banco Imobiliário, em que todos os meus imóveis acabavam hipotecados, enquanto Barbie dormia no armário de minha prima sem ninguém para acordá-la ou acariciá-la... A palavra "melancólico" parece ter sido inventada para designar as tardes sem a boneca Barbie.

Mas quem é afinal essa misteriosa loura de sorriso perfeito? Simplesmente a boneca mais vendida do mundo: 120 milhões de exemplares são comprados a cada ano no planeta, isto é, duas bonecas por segundo (ou seja, aproximadamente 64 desde o início deste texto).

Barbie surge em 9 de março de 1959, graças a Ruth Handler, mulher de Elliot Handler (fundador da Mattel), e mãe de três filhos: Ken, Skipper e Bárbara, de que Barbie, como se pode adivinhar, é o diminutivo arquicélebre. Ela deve sua silhueta perfeita a Jack Ryan, um designer de talento que apreciava as belas louras. Primeira boneca adulta na história do brinquedo, e apresentada oficialmente em Nova York em 1959 como "uma modelo teenager vestida na última moda", Barbie faz sucesso e passa a consumir intensamente: vestidos de noite, jeans, tailleurs para o dia, trajes de praia ou roupas de ficar em casa, inúmeros acessórios (bolsas, sapatos, óculos de sol) empilham-se nos armários. Barbie precisa organizar seu fabuloso guarda-roupa? Foram criados móveis e todo um ambiente hiper-realista feito de casas cor-de-rosa, piscinas, carros de luxo (Porsche vermelho conversível, Cadillac rosa), trailers e iates. Barbie se aborrece? Inventam-lhe amigos, uma família: depois de Ken (o namorado) e Skipper (a irmãzinha), surgem Stacie e a pequena Shelly (novas irmãs), em seguida Midge (uma amiga), Stacey (um inglês), Christie (a companheira "black") etc., até Twiggy, a top incontestada dos anos 60, que vem desafiar Barbie com o seu look Mary Quant.
Barbie se adapta, muda, transforma-se. Ela segue a moda, segue seu tempo. Ela o reflete.

Mas o achado mais importante dos criadores de Barbie foi, evidentemente, ter feito dela a primeira top model. Antes da era das modelos vedetes, a boneca já mudava de roupa a cada estação, com uma exuberante oferta de coleções de todos os estilos para todos os gostos, seguindo as tendências do momento: com minissaia nos *Swinging Sixties*, *baba cool* e jeans com franjas nos anos 70, look rico à "Dallas-Dinasty" durante os *Golden Eighties*... Nenhum brinquedo reflete tão escrupulosamente a evolução da moda nos últimos quarenta anos. Por isso, pareceu lógico à coleção "Universo da Moda" consagrar-lhe um livro. Claudia Schiffer e Karen Mulder ainda não tinham nascido quando Barbie já simbolizava a *super-mulher*. É até provável que Claudia e Karen só tenham se tornado top models porque brincaram com Barbie na infância e quiseram se parecer com ela... Em vão, é claro, já que nenhuma mulher real lhe chega aos pés.

a grande força de Barbie é precisamente não ser possível na vida real: assim como as parisienses de Kiraz ou Lara Croft, a heroína virtual do videogame *Tomb Raider*, a boneca Barbie se vangloria de seu próprio artifício. É a primeira cibercriatura – uma versão sexy da noiva do Frankenstein. Ela data de antes dos progressos da cirurgia plástica (seios siliconados, lábios preenchidos com colágeno, atrizes semelhantes ao Pato Donald...), mas foi uma mutante sorridente antes que as pobres humanas destruíssem o próprio corpo para tentar se aproximar de suas medidas inconcebíveis (95-45-82!). Recentemente, em uma viagem a Nova York, fui às prateleiras de Barbie da famosa loja de brinquedos Fao Schwarz, na Quinta Avenida. Esses diabólicos nova-iorquinos se divertiram ao aumentar Barbie às dimensões humanas! Uma catástrofe! Pior que Pamela Anderson! Eu insisto nesse ponto: é importante que Barbie não ultrapasse seu tamanho inicial de 29 centímetros de altura. Não podemos esquecer sua essência: ser a primeira boneca adulta do tamanho de um bebê.

Freqüentemente acusada de ser o símbolo da mulher-objeto, pode-se dizer que Barbie, no que concerne ao feminismo, não tem lições a receber de ninguém. Desde 1959, ela trabalha como modelo e também foi, sucessivamente, astronauta, rainha das discotecas, aviadora, bailarina e candidata às eleições presidenciais em 1992! Ela é "politicamente correta" e encarna a mulher liberada de um modo quase caricatural. Como dizia uma canção dos anos 80: "Ser uma mulher liberada, você sabe, não é tão fácil". Além disso, sua aparência física evolui em função das demandas do público: há bonecas Barbie orientais, Black Barbie com corte afro, hindus, japonesas, jamaicanas, mexicanas, índias, menos ou mais bronzeadas etc. Barbie é completamente jet-set e "United Colors" a fundo.

Em 1998, ela apresenta um novo rosto, mais viçoso e menos maquiado, mais maroto e menos adulto do que aquele da versão clássica. Tem cabelos castanhos claros com franjinha. Digamos que ela se pareça mais com Kate Moss do que com Claudia Schiffer. E o tempo não pára: logo Barbie chegará quase a se parecer conosco, vocês verão.

Desde que encontrou um lar, Barbie evolui em um cenário abertamente *kitsch*, cujas cores vivas evocam a obra de David Hockney ou a pop art cara a Andy Warhol. Seu mundo é eternamente limpo, impecável, imaculado. Todas as pessoas lhe sorriem. Ela monta a cavalo, antes de voltar para jantar na casa rosa como a de Barbara

Cartland. Para se ocupar, ela faz o bem ao seu redor, apoiando grandes causas, exatamente como Lady Diana. Uma parte do trabalho que é mostrado nesse livro reuniu estilistas dos anos 90. Cada um deles criou um traje para Barbie por ocasião de uma venda organizada pela Christie's e *Vogue* Itália, em 27 de novembro de 1997, em Milão, em prol da luta contra o câncer de mama (título do evento: "*A Barbie Today to Save a Woman Tomorrow*"). Todos os estilistas de vanguarda, a nova geração dos criadores (Tom Ford da grife Gucci, Miuccia Prada de sua própria grife, Jean-Paul Gaultier, John Galliano, Vivienne Westwood etc.) empunharam a tesoura para converter Barbie em *fashion victim*.

Mas não foi a primeira vez. Tradicionalmente, desde os anos 60, todos os grandes estilistas do planeta aceitam criar um ou vários modelos para Barbie (sobretudo a pedidos da Mattel França, em 1989, 1995, 1997). Desde então, Barbie é tema de exposições. Um verdadeiro desfile de museus ao redor do mundo. O último deles: no castelo de Chamerolles, em 1998, onde mais de trezentas bonecas Barbie mostraram a moda desde 1959, de Christian Dior a Sonia Rykiel.

Os exercícios de estilo sempre dizem muito sobre os artistas, em particular os trabalhos sob encomenda. É interessante ver como os criadores contornaram as dificuldades ligadas ao tamanho da boneca e à sua reputação. Azzedine Alaïa fez uma morena com blusão de aviadora; Armani a imaginou em vestido de noite vaporoso no estilo Audrey Hepburn; Dolce & Gabbana a envolveram num casaco majestoso. Enquanto Gianfranco Ferré a vê como uma heroína hitchcockiana, John Galliano desenha uma aristo-punk. Se Jean-Paul Gaultier ou Marc Jacobs a revestem em trajes de férias de inverno em Gstaad, Gucci faz dela um clone de Ivana Trump, e Calvin Klein uma espécie de Janice Dickinson voltando de Peter Beard. Christian Lacroix, por sua vez, a vislumbra em supermulher antiga, como Sidney Rome, em *Creezy*; os jeans

Levi's a imaginam em um remake de *La Rivière sans Retour* [O rio sem volta], enquanto Alexander McQueen é totalmente *Tarzan*! Moschino mantém-se fiel a sua loucura, Prada a seu rigor. Enquanto Versace a metamorfoseia em símbolo sexual, Vivienne Westwood lhe dá a indispensável marca de excentricidade furiosamente *british*.

há trajes para todos os gostos. Barbie inspira os artistas, pois todos são crianças crescidas. E eu afirmo, finalmente, que talvez o que exista nela de mais belo seja essa maneira de nos remeter a uma infância intacta, a um mundo sem desemprego, a uma existência sem sofrimento, sem morte, sem desespero. Pois, ao contrário de nós, Barbie não se coloca nenhuma questão. Em suma, a sociedade capitalista engendrou coisas bem piores do que ela: as usinas nucleares são muito mais feias e as "vacas loucas" menos reconfortantes. É justamente o que salva essa boneca universal: ela não é grave. Ela merece amplamente seu lugar a bordo do *Voyager*, a sonda da Nasa que a levou aos confins do universo.

Mais tarde, bem mais tarde, quando a terra tiver explodido, os alienígenas talvez se deparem com uma boneca Barbie vagando no espaço e seu sorriso fixo lhes dará uma boa idéia do que foi o sonho americano na segunda metade do século XX. Comovidos, os extraterrestres farão dela uma deusa e lhe recitarão esta prece: "✻✼❁✼✻✪✓✼❑✼❄◆✇!❄✸✷◗❑★❄!✇❙✪❒❄✱❄✸✼❀✪❄✷...", o que não deixa de ser poético. Ainda que, a rigor, essa expressão seja intraduzível em linguagem terráquea, nós podemos tentar uma interpretação:

"Barbie sorri para as estrelas,
Barbie surfa na Via Láctea.
Barbie tem os cabelos iluminados pelo sol.
Barbie navega entre os anéis de Saturno.
Barbie se foi, Barbie partiu.
Será que Barbie chora às vezes?
Será que tem pena do destino dos pobres homens?
Será que ela os amava um pouco?
Ó Senhor, Fazei com que Barbie nos proteja."

Grifes e estilistas que vestiram Barbie*

Azzedine Alaïa
Victor Alfaro
Fayçal Amor
Giorgio Armani
Agnés B.
Balenciaga
Pierre Balmain
Claude Barthélemy
Jean Barthet
Luisa Beccaria
Anne-Marie Beretta
Éric Bergère
Laura Biagiotti
Antonio Berardi
Alberto Biani
Manolo Blahnik
Blumarine
Cacharel
Stella Cadente
J.-Ch. de Castelbajac
Chloé
Corinne Cobson
Enrico Coveri
Coveri You Young
Raffaella Curiel
Alessandro Dell'Acqua
Christian Dior
Dolce & Gabbana
Dorothée Bis
Jacques Esterel
Jacques Fath
Fendi
Louis Féraud
Gianfranco Ferré
Alberta Ferretti
John Galiano
Nathalie Garçon
Jean-Paul Gaultier
Genny
Nikita Godard
Grès
Gucci
Olivier Guillemin
Lee Young Hee
Lecoanet Hemant
Hermès
Iceberg
Marc Jacobs
Stephan Janson
Patrick Kelly
Calvin Klein
Michel Klein
Krizia
Christian Lacroix
Odile Lançon
Olivier Lapidus
Ted Lapidus
Guy Laroche
Hervé Léger
Lolita Lempicka
Léonard
Véronique Leroy
Lesage
Levi's
Jerôme L'Huillier
Mlle Zaza pour Scooter
Max Mara
Alexander McQueen
Missoni
Claude Montana
Popy Moreni
Hanae Mori
Moschino
Rifat Ozbek
Guy Paulin
Prada
Paco Rabanne
Georges Rech
Nina Ricci
Lorenzo Riva
Rochas
Sonia Rykiel
Jil Sander
Corinne Sarrut
Jean-Louis Scherrer
Mila Schön
Élisabeth de Senneville
Junko Shimada
Jean-Marc Sinan
Francesco Smalto
Franck Sorbier
Marina Spadafora
Lawrence Steele
Strenesse
Anna Sui
Angelo Tarlazzi
Atsuro Tayama
Chantal Thomass
Torrente
Philip Treacy
Trussardi
Emanuel Ungaro
Ventilo
Gianni Versace
Vivienne Westwood

* *No Brasil: Alexandre Herchcovitch, em 1999.*

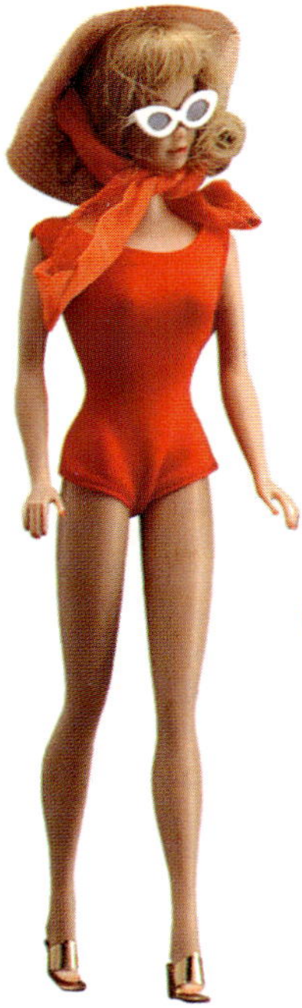

Barbie
fashion designer

j'aime le cinéma !

Cronologia

1958 : Elliot e Ruth Handler, criadores da empresa americana de brinquedos Mattel, pedem ao designer Jack Ryan para desenhar uma boneca adulta, batizada Barbie, diminutivo de Bárbara – nome de uma das filhas de Elliot e de Ruth.

1959 : Lançamento de Barbie: pele marfim, olhos azuis amendoados, maquiagem pronunciada, medidas ideais (95-45-82) para um tamanho de 29 cm. Em março, Barbie é apresentada oficialmente na Feira do Brinquedo de Nova York. Seu sex-appeal choca a América, mas ela se impõe rapidamente nas lojas.

1961 : Criação de Ken, seu noivo. Barbie acompanha a moda e mesmo a antecipa. Ela, que simboliza a mulher elegante (acessórios, jóias, cosméticos...) e encarna a juventude americana, já trocou suas meias pela meia-calça.

1963 : Lançamento de Midge, a vizinha sardenta que se torna a sua melhor amiga. Com "Barbie, rainha da moda" surgem as perucas, que lhe permitem mudar de penteado. Criação do primeiro fã clube. No seu lançamento na França, na Feira de Lyon, Barbie choca novamente; após uma tentativa de distribuição pelos *Jouets Rationnels* ela é retirada do mercado.

1964 : Lançamento de Skipper, a irmãzinha de Barbie, e de Allan, um amigo de Ken. Com a onda dos Beatles, Barbie abandona a alta-costura por roupas mais modernas. Seu novo penteado lembra o de Brigitte Bardot.

1965 : Agora suas pernas são articuladas – inovação técnica adotada por todas as bonecas modelos.

1966 : Com a época do iê-iê-iê e a proximidade da emancipação da mulher, chega Francie, a "prima moderna". Ken, de cabelos mais compridos, assemelha-se a Paul McCartney

1967 : A top model inglesa Twiggy impõe um novo ideal feminino (corte à la *garçonne*, silhueta filiforme, roupas rebeldes). Mattel segue o seu tempo, criando a boneca Twiggy (minivestido listrado e botas amarelas), perfeita para usar a minissaia inventada por Mary Quant. Testemunha da agitação política americana, "uma Francie negra" é lançada e substituída em 1968 por Christie, também negra – cuja produção encerrou-se em 1985.

1970 : No início dos anos 70, marcado por uma nítida liberação dos costumes, Barbie adota maximantô em vez da lingerie fina. Paralelamente, o estereótipo do *businessman* se desenvolve: Ken, mais esportivo e bronzeado, agora se parece com Robert Redford

1972 : Robert Gerson, presidente da Mattel França, sociedade recentemente criada, obtém o contrato de distribuição da boneca, dando início a um impulso extraordinário na França.

1973 : Chega ao mercado o novo Ken: cabelos longos, barba, bigodes, costeletas.

1975 : Inovações técnicas se sucedem. Graças a um sistema de rotação dos braços, Skipper pode crescer.

1976 : Nos EUA, por ocasião do bicentenário da independência, Barbie é introduzida numa cápsula que só será aberta no tricentenário, para que as gerações futuras possam ver como eram as mulheres do fim do século precedente. É o triunfo do "Barbie look": patins nos pés, a boneca está preparada para enfrentar a próxima década.

1977 : Barbie muda de fisionomia, em seguida o mesmo ocorre com sua amiga Christie. Ela se torna "Super Star Barbie". Criação de uma Barbie e de uma Christie gigantes (45 cm).

Christian Dior, 1997. Spencer acinturado de xantungue marfim e saia plissada de crepe de lã preta.
*© Foto: Helbert Noord/*Vogue *Itália.*

1978 : Lançamento de "Ken Super Star": novas feições e articulações (ele pode girar a cabeça e o tronco).

1979 : A partir de então, Barbie pode mandar beijos (por pressão dos dedos) e se maquiar. O rosto de Skipper aumenta ligeiramente (modelo "Super Teen Skipper").

1980 : Lançamento da coleção das bonecas Barbie internacionais (italianas, francesas e inglesas). Supermulher antes do tempo, Barbie usa computador, paga com cartão de crédito ao mesmo tempo que faz compras e cozinha.

1985 : Ela se transforma em mulher de negócios. Tailleur rosa e pasta de executiva. Um "entrançador" lhe permite usar os cabelos trançados. O aparecimento de novos acessórios transforma seu cotidiano – sala de ginástica, banho quente, estúdio de cinema etc.

1987 : Barbie pode, a partir de agora, escolher no seu guarda roupa entre 24 jóias e doze conjuntos de alta-costura (os primeiros criados no ano anterior por Oscar de la Renta). Ela trabalha na sua própria agência de viagens ou apresenta um jornal televisivo, quando não se produz em conjunto com seus novos amigos, Derek e Diva.

1988 : As novas bonecas "Bibops" (look anos 50), que dançam o bee-bop, ampliam o círculo de amigos de Barbie.

1989 : "Barbie Super Style", "Barbie Romance", "Jeans", "Safari", "Promenade", "Sun Magic" ou "Tropique". Seu estilo de vida não pára de se ampliar: camarim de vedete, sala de música, equipamento safári com jipe, bangalô tropical, scooter, etc. Para os seus trinta anos, grandes estilistas e cabeleireiros franceses criam modelos exclusivos.

1990 : Com a abertura das fronteiras e a globalização dos anos 90, Barbie veste Benetton e faz novas amigas vindas de outros continentes. Torna-se embaixatriz de um mundo melhor, criando a "Barbie Summit", que mobiliza crianças do mundo inteiro em torno de um concurso de desenhos sobre o tema "O mundo seria melhor se...".

1991 : O Magic Van, seu trailer, obtém um grande sucesso (mais de 250 mil exemplares vendidos).

1992 : "Barbie Ultra Cabeleira" (cabelos até os calcanhares) é um triunfo – 2 milhões de exemplares vendidos. Ela torna-se também sereia e muda-se para uma casa de campo mágica.

1993 : Lançamento de uma Barbie que fala (repertório de 40 mil frases), dos gêmeos Stacie e Todd, seu irmão e sua irmã, assim como o de quatro primas. No dia 1° de dezembro, para festejar os seus 35 anos, Barbie entra no Museu Grévin vestida por Gianfranco Ferré para a maison Christian Dior e penteada por Alexandre de Paris.

1994 : Lançamento de "Barbie Doce Noite", a primeira boneca com corpo maleável.

1995 : Na França, lançamento da primeira linha de Barbie para coleção. Por ocasião de uma exposição no castelo da boneca, perto de Lyon, grandes estilistas e criadores lhe desenham novos trajes.

1997 : Desde sua criação, em 1959, um bilhão de Barbies foram vendidas no mundo (um recorde no mercado de brinquedos). Exposição no Museu Nacional de Mônaco (10/06 a 10/10): Barbie vestida pelos grandes costureiros (110 bonecas expostas, 55 estilistas). Em 27 de novembro, em Milão, leilão organizado pela Christie's de bonecas vestidas por cerca de quarenta grandes estilistas em prol da luta contra o câncer de mama. Nome do evento: "Uma Barbie hoje pode salvar uma mulher amanhã".

1998 : Exposição Barbie em Férias no Museu da Boneca em Paris (19/6 a 20/09). Exposição no castelo de Chamerolles (3/7 a 20/9) da coleção de 110 bonecas Barbies vestidas pelos grandes estilistas.

*Dolce & Gabbana, 1997. Vestido cintura de vespa de cetim preto com pesponto, estola longa de tule e marabu bicolor, gargantilha com pingente em forma de coração. © Foto: Helbert Noord/*Vogue *Itália.*

Barbie

Primeira boneca nos anos 60 (1959). Maiô listrado em preto e branco. © Mattel França. **Benetton**, 1992. Barbie, Christie, Ken, Teresa e Marina vestidos pelo estilista italiano, com as roupas da moda de 1992: pulôver, casaco, echarpe, boina ou capuz, tudo em tons vivos que realçam a beleza dos diferentes tons de pele dessas novas bonecas de todos os países... United Colors of Benetton. © Mattel França.

Maiô, 1964. **Silk'n Flame**, 1962. Mantô e chapéu de veludo. **Lolita Lempicka**, 1955. Vestido evasê de crepe. **Tailleur vermelho** com saia reta e camisa listrada, 1960. **Vestido festa preto bordado com paetês** e babado de tule, 1960. **Barbie dos anos 80**.
Twiggy. A top model londrina impõe em 1967 um novo ideal feminino.
© Mattel França; exceto Silk'n Flame: © Foto: Helbert Noorda/*Vogue* Itália.

Levi's, 1997. T-shirt de algodão canelado com decote em V, jeans five pockets (cinco bolsos) em brim azul e cinto de couro. © Foto: Helbert Noorda/*Vogue* Itália.
Christian Dior, 1995. Vestido de malha com estampa de pantera e veludo preto. Estola matelassê com estampa de pantera, visom curto e bolsa coordenada. Modelo da coleção prêt-à-porter Outono-Inverno 95/96. © Mattel França.

Jil Sander, 1997. Mantô preto de couro com acabamento de pele sintética bege de pelo curto, abotoamento lateral com botão único. Cadeira de Frank Lloyd Wright. © Foto: Helbert Noorda/*Vogue* Itália.
Sonia Rykiel, 1995: "Barbie strass, Barbie plumas, Barbie meu amor".
© Mattel França.

Claude Montana, 1989. Top de alças, decote quadrado, gola-estola plissada sobre calça larga de linho cinza. © Mattel França.
Penteada por Alexandre. Coque Diva. © Mattel França.

Trussardi, 1997. Mantô longo de pele de cobra, pulôver assimétrico de jérsei e calça de couro preto. © Foto: Helbert Noorda/*Vogue* Itália.
Jean-Charles de Castelbajac, 1989. Mantô longo original e estruturado, com emblemas da pop art costurados a mão e forrado de pele mosqueada.
© Mattel França.

Coveri You Young, 1997. Vestidinho tutu estilo Lolita de organdi bordado de flores. © Foto: Helbert Noorda/*Vogue* Itália.

Junko Shimada, 1995. Macacão de pele de cobra dourada. © Mattel França.
Grupo de penteados, 1995. Para festejar, em março, a chegada de Barbie *Coupe et Coiffe*, a primeira boneca dotada de uma cabeleira modelável, dez grandes nomes criaram penteados originais: Alexandre de Paris, Alexandre Zouari, Carita, Jacques Dessange, Jean-Claude Biguine, Jean-Louis David, Jean-Marc Maniatis, Lucie Saint-Clair, Mod's Hair, Patrick Alès. © Mattel France.

Hermès, 1997. Casaquinho acolchoado de crepe de lã preto, saia de noite em Radzimir escuro, botas amazonas em box preto por John Lobb. © Mattel França.
Fendi, 1997. Mantô de pele de marta e ponto aberto, vestido tubo em tecido bordado com paetê bronze, bolsa preta de crocodilo. © Foto: Helbert Noorda/*Vogue* Itália.

Prada, 1997. Mantô de tecido panamá matizado e bordado com canutilhos. © Foto: Helbert Noorda/*Vogue* Itália.

Alberta Ferretti, 1997. Casaco de pele acamurçada com gola de pele sintética de pêlo curto, tom sobre tom, com tiras de tule e abotoamento com ímã. Poltrona de Gerrit T. Rietveld. © Foto: Helbert Noorda/*Vogue* Itália.
Hermès, 1995. Paletó de montaria e calça com polainas de pele macia de carneiro, camisa masculina e gravata de lenço de seda com estampa "Festival", botas de equitação por John Lobb, bolsa Birkin de pele de novilho Gulliver. © Mattel França

Calvin Klein, 1997. Colete de pele lustrosa de pêlo curto, saia com fenda de jérsei de lã. Cadeira de Marcel Breuer. © Foto: Helbert Noorda/*Vogue* Itália.
Agnès B., 1997. Vestido tubinho "j'aime le cinéma" de gola alta de jérsei de Lycra serigrafado. © Mattel França.

Jean-Paul Gaultier, 1997. Parca de pele bege forrada com pele sintética branca, costuras aparentes, aplicações de tiras de tecido preto. Poltrona de Alvar Aalto. © Foto: Helbert Noorda/*Vogue* Itália.
Cacharel, 1997. As gêmeas em viagem. Saia longa de seda, cardigã de mohair, casaco e boina de cashmere. Saia curta de seda, T-shirt, mantô longo e echarpe de mohair. Coleção Outono-Inverno 97/98. © Mattel França.

Christian Lacroix, 1997. Capa de camurça com motivo em mosaico multicolorido nas costas, vestido tubo longo em crocodilo. © Foto: Helbert Noorda/*Vogue* Itália.
Dolce & Gabbana, 1997. Mantô longo de pele, forro de leopardo, abotoado com colchetes. Cadeira de Michael Thonet & Söhne. © Foto: Helbert Noorda/*Vogue* Itália

Emanuel Ungaro, 1995. Tema leopardo da coleção prêt-à-porter Outono-Inverno 95/96. É a autêntica mulher Ungaro, sensual,. cheia de vida e inconformista, sempre na moda. © Mattel França.
Alberta Ferretti, 1997. Mantô de lã cinza chumbo com mule coordenada, pulôver de gola rulê, saia bordada de pérolas. © Foto: Helbert Noorda/*Vogue* Itália

Nina Ricci, 1959. Vestido de noiva de organza salpicado de mil flores, coroa de flores sobre véu de tule *point d'esprit*. © Mattel França.
Christian Lacroix, 1989. Estilo Riviera neste conjunto mesclado de marrom e bege e acessórios: óculos, chapéu grande, lenço de musseline e jóias. © Mattel França.

Missoni, 1997. Vestido longo colante de patchwork de lurex. Cabelo de Marc Lopez. Boneca apresentada em nicho revestido com o mesmo tecido. © Foto: Helbert Noorda/*Vogue* Itália.
Azzedine Alaïa, 1997. Jaqueta com zíper em couro marrom e pele sintética clara, calça de malha elástica. Poltrona de Ron Arad. © Foto: Helbert Noorda/*Vogue* Itália.

Gucci, 1997. Vestido de noite de stretch preto, sapatos com bridão e fivela, saltos de aço. © Foto: Helbert Noorda/*Vogue* Itália.

Gianfranco Ferré para Christian Dior. Para festejar sua entrada no museu Grévin, Barbie é vestida sob medida: tailleur (saia longa e justa) de brocado preto e dourado com mangas bordadas pela maison Vermont. Coleção Outono-Inverno 93/94. Cabelo e jóias: Alexandre de Paris. © Mattel França.
Manolo Blahnik, 1997. Botas de couro sintético com tiras de pele falsa. Calça e top de malha elástica. Poltrona de Jasper Morrison. © Foto: Helbert Noorda/*Vogue* Itália.

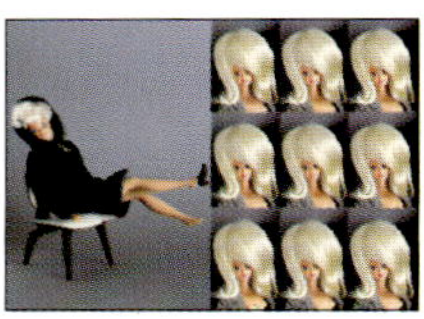

Marc Jacobs, 1997. Jaqueta de pele sintética preta com zíper e capuz, vestido de malha canelada. Cadeira de Charles e Ray Eames.
© Foto: Helbert Noorda/*Vogue* Itália.
Marina Spadafora, 1997. Mantô de passamanaria feita a mão sobre vestido de stretch. © Foto: Helbert Noorda/*Vogue* Itália.

Alessandro Dell'Acqua, 1997. Mantô com bainha franjada de pele, forro de lã de pêlo longo, flor de couro preto de cobra aplicada na lapela. Poltrona de Mies van der Rohe.
© Foto: Helbert Noorda/*Vogue* Itália.
Balenciaga, 1997. Macacão de crepe acetinado sob capa de noite de organza de seda. Turbante de organza de seda. Coleção Outono-Inverno 62/63 de Cristóbal Balenciaga. © Mattel França.

Mila Schön, 1997. Vestido curto de lã com corte "Fontaine" e fenda vertical. Cabelo e maquiagem: Aldo Coppola. © Foto: Helbert Noorda/*Vogue* Itália.

Grès, 1995. Vestido drapeado de jérsei de seda em estilo greco-romano. Cabelo: Alexandre de Paris. © Mattel França.
Giorgio Armani, 1997. Vestido de noite de tule de seda transparente bordado a mão com pérolas e azeviche, blusa de organdi, broche e brincos em strass. Cabelo e maquiagem por Armani. © Foto: Helbert Noorda/*Vogue* Itália.

Max Mara, 1997. Conjunto de tricô de cashmere trançado. Cabelo de Orlando Pita. © Foto: Helbert Noorda/*Vogue* Itália.
Gianni Versace, 1997. Jaqueta com zíper e saia de pele laminada com costuras aparentes. Cadeira de Charles Eames. © Foto: Helbert Noorda/*Vogue* Itália.

Krizia, 1997. Vestido de seda assimétrico de organdi metalizado plissado, turbante com pérolas. © Foto: Helbert Noorda/*Vogue* Itália.

Anna Sui, 1997. Mantô de pele de pêlo curto, tom sobre tom, com poás, chapéu e bota coordenados. Poltrola de Werner Panton. © Foto: Helbert Noorda/*Vogue* Itália.
Lolita Lempicka, 1995. Corpete com barbatanas, amarrado nas costas, de tafetá irisado recoberto de renda, saia de tule plumetis preto e vermelho, folheado de renda Chantilly framboesa, luvas de cetim vermelho e colar de pérolas coloridas. © Mattel França.

Iceberg, 1997. Mantô longo bicolor de algodão dupla-face e matelassé, pulôver e minissaia, boné de pele e mochila. © Foto: Helbert Noorda/*Vogue* Itália.
Alexander McQueen, 1997. Minivestido de pele sintética de pêlo curto e flor estampada, botas coordenadas. Poltrona de André Dubreuil. © Foto: Helbert Noorda/*Vogue* Itália.

Corinne Cobson, 1997. Conjunto de jérsei de lurex acobreado. © Mattel França.
Dorothée Bis por Jacqueline Jacobson, 1997. Caban, calça boca de sino e boina azul-marinho, botões de strass, pulôver de lã listrada curto e sem mangas. © Mattel França.

Lawrence Steele, 1997. Tubinho em jérsei e sapatos bordados com cristal Swarovski. Cabelo de Ward. © Foto: Helbert Noorda/*Vogue* Itália.
Vivienne Westwood, 1997. Mantô de pele sintética de pêlo longo com mangas assimétricas, botas coordenadas. Cadeira de Harry Bertoia.
© Foto: Helbert Noorda/*Vogue* Itália.

Louis Féraud, 1997. Baile na casa do governador. Veste com basque em faille de seda verde bordada, com galões dourados, salpicada de rosas. Saia tripla ampla de organza verde realçada com dourado. Coleção alta-costura Primavera-Verão 96. © Mattel França.

Sobre o autor:

Nascido em 1965, Frédéric Beigbeder é formado pelo Instituto de Estudos Políticos de Paris. Autor de três romances, ele é atualmente cronista literário no *Figaro*, *Voici* e *Canal Jimmy*.

Barbie inspirou todos os grandes costureiros e estilistas da história da moda. Neste livro, o editor foi obrigado a fazer uma escolha difícil – que os ausentes queiram perdoá-lo.

Agradecemos a Franca Sozzani e Helbert Noorda na realização desta obra, assim como à sociedade Mattel e, particularmente, a M. Giamballo, Élisabeth Dubost, Isabelle Gauquelin, Constance Dubois e Sylvie Gotlibowicz.
Um agradecimento especial aos costureiros e estilistas Azzedine Alaïa, Giorgio Armani, Agnès B., Balenciaga, Benetton, Manolo Blahnik, Cacharel, Jean-Charles de Castelbajac, Corinne Cobson, Coveri You Young, Alessandro Dell'Acqua, Christian Dior, Dolce & Gabbana, Dorothée Bis, Fendi, Louis Féraud, Alberta Ferretti, Jean-Paul Gaultier, Givenchy, Grès, Gucci, Hermès, Iceberg, Marc Jacobs, Calvin Klein, Krizia, Christian Lacroix, Lolita Lempicka, Max Mara, Missoni, Claude Montana, Prada, Nina Ricci, Sonia Rykiel, Jil Sander, Mila Schön, Junko Shimada, Marina Spadafora, Lawrence Steele, Anna Sui, Trussardi, Emanuel Ungaro, Gianni Versace e Vivienne Westwood, assim como aos cabeleireiros Patrick Alès, Alexandre de Paris, Jean-Claude Biguine, Carita, Jean-Louis David, Jacques Dessange, Jean-Marc Maniatis, Mod's Hair, Lucie Saint-Clair e Alexandre Zouari.